Jürgen Fliege

Passen Sie gut auf sich auf

Passen Sie gut auf sich auf

101 Nachgedanken von Jürgen Fliege

KREUZ

Die Deutsche Bibliothek – CIP-Einheitsaufnahme

Fliege, Jürgen

Passen Sie gut auf sich auf

101 Nachgedanken/Jürgen Fliege. – Stuttgart: Kreuz-Verl., 1995

ISBN 3-7831-1408-X

1 2 3 4 5 99 98 97 96 95

Postfach 8o o6 69, 7o5o6 Stuttgart, Tel.: o711-788 o3o

Umschlaggestaltung: Jürgen Reichert, Stuttgart

Autorenfoto: Juchelka/Engelmeier

Gesamtherstellung: W. Röck, Weinsberg

ISBN 3-7831-14o8-X

Fliege

Bis ich zehn Jahre alt war, da habe ich gar nicht gemerkt, daß ich Fliege heiße. Aber als ich fünfzehn Jahre alt war, habe ich es in der Tanzstunde ganz schmerzlich zu spüren bekommen. Da gingen die Mädchen kichernd auf die Toilette, nachdem ich mich vorgestellt hatte. Als ich dann dreißig war, dachte ich: O.k., das ist mein Name, ich muß ihn ein Stückchen wenigstens behalten. Und als ich dann fünfundvierzig war, haben sich große Fernsehbosse überlegt, kann man eine Fernsehshow „Fliege" nennen? Ergebnis: Natürlich kann man sie „Fliege" nennen. Ist sogar ganz prima, wunderbar. Das behält jeder, bis daß der Tod uns scheidet.
Man braucht oft fünfzig Jahre, bis man zu sich steht und davon leben kann.

Vorwort

Mein Vater hatte nur wenige Minuten Zeit, meine künftige Frau kennenzulernen. Seine Kräfte schwanden. Sein Haar war über Nacht schlohweiß geworden. Er lag da in seinem Bett, um zu sterben. Und ich stand im kahlen Krankenzimmer zwischen meinem sterbenden Vater und meiner neuen Freundin. Ich hatte ihr von der kritischen Situation meines Vaters erzählt, und sie wollte ihn kennenlernen. Gut! Denn auch er hatte einige Tage zuvor davon gehört, daß ich wohl eine neue Freundin hätte. Doch er traute sich nicht recht zu fragen, wer das denn sei. Frauen, Liebe und Sexualität waren kein Thema zwischen Vater und Sohn gewesen. Er fühlte sich trotz seiner sechs Kinder wohl im Grunde daran gescheitert. Er hatte die Liebe in sich nicht wachsen lassen. Da war sie ihm gestorben. Denn er fürchtete die Kraft der Liebe, wie er alles fürchtete, was ihm über war. Jetzt fürchtete er den Tod. Daher die weißen Haare über Nacht. Ein Zeichen, daß er sich selber keine Chance gab. Aber vielleicht macht einen erst die große Ausweglosigkeit und Angst so mutig, daß man nicht mehr viel fragt, sondern antwortet.

Denn jetzt, wo er meine spätere Frau zum ersten Mal sah, hatte er keine Kraft und keine Muße mehr, lange zu fragen: „Woher kommen Sie denn, wie alt sind Sie, was machen Ihre Eltern, was für einen Beruf haben Sie, wo haben Sie ihn kenngelernt?“ Alles, was man in Deutschland gemeinhin so fragt, wenn man

meint, jemanden kennenlernen zu wollen. Sicher interessierte er sich dafür, aber für ihn war die Zeit zu knapp. Aber doch nicht knapp genug, um mir und meiner Frau den Weg zu weisen. Zeit genug für einen Satz, der sitzen mußte und bis heute sitzt. Ein einziger Satz! Keine Frage, sondern eine Antwort für den Weg der Kinder, den er doch gar nicht kannte. Es war eine Antwort auf die besondere Situation und all die Fragen, die vor dem Abschied immer in der Luft liegen. Die Antwort war ein Satz von seinem Herzen. Gott sei Dank! „Jürgen, sei deiner Frau ein guter Mann. Ulrike, sei deinem Mann eine gute Frau!"
Mein Vater und meine Erfahrung mit diesem Satz ermutigten mich zu antworten. Und ich achte deswegen darauf, daß auch bei meinen Antworten das Herz mitspricht. Selbst da, wo ich ebensowenig weiß, was das Leben für meine Gesprächspartner bereithält. Es geht doch um die Richtung, den Kompaß, die Nadel, den Stern.

Denn viel mehr Zeit als mein Vater habe ich auch nicht, wenn mir die Menschen Nachmittag für Nachmittag ihre Geschichte erzählen. Ich habe nur wenige Sekunden Zeit, höchstens eine Minute. Denn beim Fernsehen ist die Zeit so knapp, daß sie schon wieder kostbar ist, im wahrsten Sinne des Wortes. Aber sie ist nie zu knapp, mit einigen Worten auf die Fragen, die in der Luft liegen, zu antworten und Schneisen der Orientierung in ein unüberschaubares Leben zu schlagen. Antworten statt Fragen, bei denen ich oft mit dem Rücken an der Wand stehe, in einer Zeit, wo vor lauter Fragen keiner mehr die Antwort weiß.

Ich habe mir für meine Gäste oft zwar Tage und Wochen vorher Zeit genommen, um sie kennenzulernen, so gut und so schnell wie möglich. Aber jetzt sind sie mit all ihren Fragen ins Fernsehstudio gekommen. Sie haben vor den Augen und Ohren vieler Millionen Zuschauer alles ausgebreitet und warten auf ein wenig Orientierung. Wie eben der Kranke den Arzt fragt, was ihm fehlt und wie lang es denn noch dauert, weil man doch so den Schmerz besser erträgt. Man weiß dann wenigstens, woran man ist, und man kann seine Kräfte besser einteilen. Sag was, Doktor! Es gehört zu deinem Handwerk, wenn schon nicht das Ziel, so doch den Weg zu zeigen, der ja das Ziel sein kann.

Antworten statt Fragen, das sind meine Schlußgedanken. Zum Nachdenken und zum Widersprechen. Denn glauben Sie ja nicht, daß nicht auch Widerspruch Orientierung schafft und man daran gesundet. Mir ist es nur recht. Der Heilige Geist wirkt auch im Widerspruch.

Und alle meine Nachgedanken enden mit ein paar Worten, die ich mir mehr oder minder aus dem Englischen zurückübersetzt habe. In England und Amerika geht man wie Don Camillo mit dem lieben Gott viel lockerer und selbstverständlicher um, sagt zum Abschied einfach: God bless You! Gott segne dich! Aber wenn man damit auf ein deutsches Fernsehpublikum losginge, könnte man nur scheitern. Gott läßt sich bei uns in Deutschland nicht mehr locker predigen. Die Zeit der Prediger ist vielleicht sowieso vorbei.

Aber vielleicht ist die Zeit der Zuhörer nicht vorbei. Die Zuhörer und Versteher, die die Geschichten der Menschen so intensiv abhören wie ein Arzt das Herz eines Menschen, sind die Pfarrer, Ärzte, Heilerinnen und Heiler von morgen. Heiler, die ihre Ohren spitzen und ihr Herz schlagen lassen. Noch mal und noch mal und immer wieder. Als ob unter dem scheinbaren Müll der elenden Menschengeschichten Edelsteine und kostbare Perlen verbuddelt wären und nun unter der Lupe der Diamantschleifer von Antwerpen gedreht und gewendet werden. Oder auch nur Kieselsteine, die noch viel kostbarer sind, weil sie den Weg nach Hause zeigen und Orientierung geben.

Wenn es aber so ist, daß solche Kieselsteine an den Tag kommen, dann ist jede Geschichte und jeder Mensch viel viel kostbarer, als er es im Einerlei des täglichen Stresses wahrhaben will und mitkriegt. Warum sollte ich daran nicht erinnern? Also sag ich: Passen Sie gut auf sich auf!

Die lange Version, die fürs Fernsehen viel zu lang wäre, hieße dann ungefähr so: „Siehst du, ich habe dir lange zugehört mit all meiner Aufmerksamkeit und Kraft. Und vielleicht spürst du jetzt auch, daß dein Leben viel kostbarer ist, als du es oft wahrhaben wolltest. Du warst und bist oft der einzige, der an seiner Wichtigkeit und der Wichtigkeit seiner Geschichte zweifelt. Und noch etwas: Deine Geschichte und dein Leben sind obendrein nicht nur kostbar und wertvoll für dich, sondern auch für uns. Die Natur leistet sich keinen Luxus und produziert über Jahre millionenfach Ausschuß. Nie und nimmer! Die Wiederentdeckung, daß das Leben ein Netz ist, in dem keiner von uns auf die rote Liste der Ausrottung geraten darf, schützt auch dich. Du bist wichtig! Und wir sind mit dir unterwegs. Also paß gut auf dich auf."

Viel zu lang! Viel zu lang fürs Fernsehen! Bert Brecht ist da viel kürzer und besser in seinen Liebesgedichten, in denen der Liebende fürchtet, daß sogar ein Regentropfen, der unverhofft auf ihn fällt, alles zerstören könnte. Sehen Sie, die Liebe macht zwar blind, öffnet dann aber offenbar andere, ebenso sensible Sinne.

Aber wo viel Medizin ist, ist die ungewollte Nebenwirkung auch nicht weit. Fragen Sie nur Ihren Arzt oder Apotheker. „Warum sagen Sie am Schluß Ihrer Sendung immer: ‚Passen Sie gut auf sich auf!'? Ich will das nicht. Sie machen mir angst. Das hört sich ja so an, als ob mir in nächster Zeit irgend etwas Schlimmes passieren würde." So steht es in einem Brief. Einem von vielen hundert und tausend Briefen, die mich in den vergangenen Monaten erreicht haben. Und damit wären wir auch schon bei dem einzigen Mißverständnis angelangt, vor dem sich auch so ein Wort nicht schützen kann.

Berlin, im Mai 1995
Jürgen Fliege

Es ist doch deine Gesundheit

Die Natur heilt

Wenn man sich die Glieder abgefroren hat, kann man sich mit Schnee heilen. Und Verbrennungen lindert man durch Hitze. Irgendwie scheint es so zu sein, daß das Heilmittel immer ganz in der Nähe der Krankheit wohnt. Die Medizin wächst neben dem Gift. Und ich kann Ihnen auch sagen, wie Sie das Kraut finden können. Sie müssen in sich die Tür finden, die den Zugang zu Ihrer Angst und zu Ihrem Widerstand, möglicherweise auch zu Ihrem Ekel, versperrt. Wenn Sie da die Klinke niederdrücken, entdecken Sie ganz in Ihrer Nähe Medizin für Sie, und das Leben sieht wieder ganz neu aus.

Sanfte Medizin

Sie kennen doch Leute, von denen man sagt, sie hätten einen „grünen Daumen“. Und das heißt eigentlich immer, daß Pflanzen unter ihrer Hilfe besonders gut gedeihen. Andere Leute machen es mit denselben Pflanzen genauso, und nichts gedeiht. Pflanzen können also zwischen diesem und jenem Menschen unterscheiden. Das könnte bedeuten, daß Pflanzen auch einen „grünen Daumen“ haben.

Also, wenn Sie wollen, daß die Natur Ihnen hilft, dann kümmern Sie sich um sie. Denn ob Sie blühen oder verdorren, hängt von der Natur ab.

Umweltgifte

Einen einfachen Weg aus dem Gift heraus, den gibt es heute offenbar nicht mehr. Wir sind von Giften umstellt, in der Erde, in der Nahrung, im Haus und in der Luft. Und überall, wo wir hinkommen, da ist schon eins da. Wir können unser Leben keinem blauen Engel anvertrauen, keinem Arzt oder gar dem Grünen Punkt. Das einzige, auf das Sie vertrauen können, das ist Ihr Körper. Der kann Ihnen als letzter vertrauenswürdiger Engel den Weg weisen. Manchmal ist er dabei quengelig wie ein Kind. Über Jahre läßt er nicht locker und quält Sie scheinbar. Dabei will er nur eines, daß Sie gesund werden. Also passen Sie gut auf ihn auf.

Chinesische Medizin

Unser Gesundheitssystem ist krank. Das sagt jeder Arzt. Und wenn man sich die Symptome beguckt, woran es krankt, erkennt man, daß es keine Zeit hat, die doch Wunden heilt. Die Ärzte haben einfach keine Zeit und sind auf der Jagd nach Kranken und Scheinen. Und alle haben zudem Angst, von dieser Krankheit der Zeit geheilt zu werden. Vielleicht, weil bei uns immer gleich mit Skalpell geheilt wird, mit Einschnitten und Nebenwirkungen. Aber warum läßt sich das gesamte Gesundheitssystem nicht sanft chinesisch heilen? Hinhören, Zeit haben, die Dinge wieder in Fluß bringen. Und nicht nur immer an eins denken, sondern an alles.

Heilfasten

Und wenn Sie mich fragen, Fliege, was wirst du machen, wirst du fasten? Ja, ich würde fasten. Erstens finde ich es gut, wieder Herr im eigenen Haus zu werden, nicht mehr abhängig von Alkohol, Zigaretten und Streß, zweitens finde ich fasten gut, weil man natürlich auch körperlich abnimmt. Fasten frißt das Fett weg. Und drittens frißt Fasten auch Ihre Einsamkeit , wenn Sie es mit anderen Menschen gemeinsam machen.

Autismus

Autisten, jahrhundertelang hat man sie nicht verstanden und oft genug als Dorfdeppen behandelt. Und jetzt ist etwas Merkwürdiges, etwas Wunderbares passiert. Wir wurden als Dorfdeppen entlarvt. Die Gesunden müssen lernen, die Kranken zu verstehen.

Das ist Lehrstoff für uns alle. Denn immer, wenn Sie sich einmal zurückziehen, ein bißchen Autist spielen und wieder mit der Welt nichts zu tun haben wollen, sind Sie doch angewiesen auf die Phantasie der anderen, Sie in Ihrer Enge zu entdecken, oder nicht?

Schlaflos

Ob Sie vier Stunden schlafen, sechs Stunden oder auch acht Stunden, Sie finden darin nicht nur Ihre Ruhe, sondern auch Ihre Zuflucht. Oft die einzige. Und oft ganz selbstverständlich. Aber unter uns leben Menschen, die enorme Probleme damit haben, überhaupt im Schlaf eine Zufluchtstätte zu finden und sich von dieser Welt in eine andere zurückziehen zu können.
Mit diesem Wissen werden Sie heute abend zu Bett gehen. Und ich möchte, daß Sie heute abend, wenn Ihre Augen zufallen, wissen, was Sie in diesem Augenblick genießen.

Rollstuhl

Es ist bei uns nicht unwichtig, mit welchen Rädern man vorfährt. Ein Blick auf den Stern, vorne am Kühler, und wieviel PS unter der Haube sind. Doch das ist die deutscheste aller Krankheiten, Menschen daran zu messen, mit welchem Gefährt sie kommen. Fahren Sie doch einmal über die holländische Grenze. Da sehen Sie ganz andere Sachen. Da sehen Sie, wie selbstverständlich den Menschen ins Gesicht gesehen wird, und ich denke, solange man sich von Rädern blenden läßt, ist man blind für die Menschen.

Organspende

Merkwürdig, die Bereitschaft, Organe zu spenden, hat in unserem Land dramatisch abgenommen. Warum? Na, weil es einem schwerfällt, sich über den eigenen Tod zu unterhalten. Der sitzt geradezu wie der Korken auf der Flasche. Doch wer einen Organspendeausweis hat, der hat diesen Korken ziehen müssen und sich mit seinem eigenen Tod beschäftigt. Und wissen Sie, was er dort entdeckt hat? Einmal, ich lasse mir von meinem eigenen Tod nicht mehr bange machen. Und dann: Mein Herz kann auch für andere schlagen. Sehen Sie, die Liebe ist stärker als der Tod.

Heilende Hände

Wen immer wir an Geistheilern und Heilern eingeladen haben, sie scheinen zu wissen, daß der Mensch nicht nur aus Haut und Haaren besteht, sondern auch aus Geist und Seele. Und da setzen sie an. Und wenn Sie eines Tages einen Heiler nötig haben, dann seien Sie so skeptisch wie bei einem normalen Arzt und so wachsam wie beim normalen Arzt. Doch am Ende gilt immer: Wer heilt, hat recht.

Contergan

Entweder hat man mitleidig zu ihnen hingeguckt oder peinlich berührt ein bißchen weggeguckt. Aber was contergangeschädigte Menschen so gerne gehabt hätten, wäre ein selbstverständlicher Umgang. Aber was bitte ist selbstverständlicher Umgang mit Behinderten? Ganz einfach: Hingehen, den Arm ausstrecken, die Hand geben, und wenn da nur ein, zwei Finger sind, drücken Sie die, denn das hält uns zusammen.

Sterbehilfe

Wenn ein Mensch auf die Welt kommen soll, dauert es neun Monate, in denen man daran beteiligt ist, ihn zu tragen, zu lieben, manchmal auch mit ihm zu leiden. Erbrechen, aushalten, stilleliegen, damit er nur ja zur Welt kommt.
Und wenn ein Mensch aus dieser Welt in eine andere gehen muß, braucht das auch Wochen und Monate. Und erst wenn er da unter Schmerzen steckenbleibt, darf ich mir die Frage stellen, ob ich ihm helfen darf. Erst nach so langem gemeinsamem Leiden und Ertragen kann man über so etwas reden wie Sterbehilfe. Denn die Dinge, die wirklich fruchtbar sein sollen, müssen leise und langsam reifen.

Alkohol

Ich habe Menschen kennengelernt, die hingen ihr Leben lang an der Flasche, obwohl sie viel lieber an einem Menschen gehangen hätten. Wenn nur der Richtige da gewesen wäre zum richtigen Zeitpunkt. Es scheint so zu sein, daß wir Menschen alle immer an irgendwas hängen, mit unserem Herzen dranhängen. Wenn Sie jemanden haben, an dem Sie hängen, dann gratuliere ich Ihnen. Wenn Sie noch auf der Suche sind nach einem, achten Sie darauf, daß Sie dabei an keine Flasche geraten!

Aids

Keiner von uns weiß, wie lange sein Leben wirklich währen wird. Heute, morgen, übermorgen kann es zu Ende sein. Dabei wollen wir doch alle nur leben, um auch möglichst viel erleben zu können.
Gut zu wissen ist dann, daß man das Leben nicht einfach verlängern kann. Aber vielleicht kann man's vertiefen, intensivieren und es richtig gestalten.

Taubstumm

Zugegeben, mit taubstummen Menschen zu reden ist mühevoll. Doch der Mühe wert. Und man entdeckt, daß jeder Mensch gleichzeitig zwei Sprachen spricht. Einmal mit der Zunge und dem Mund. Und dann immer auch und gleichzeitig mit Händen, Füßen, Augen und allen Gliedern. Damit fällt das Lügen ungleich schwerer.

Krebs

Wir behandeln unseren Körper oft genug wie eine Maschine. Dabei ist er, genau gesehen, der zuverlässigste Begleiter, den wir überhaupt haben können, mit den wichtigsten Botschaften. Unser Körper sagt uns, wo wir aufpassen und wo wir vorsichtig sein müssen. Auch, wo wir uns wohl fühlen und wessen Nähe uns guttut. Ab und zu kommt es vor, daß er uns schockierende Nachrichten bringt. Wenn Sie dann nicht mehr auf ihn hören, dann verhält er sich wie ein Kind. Er redet mit Ihnen überhaupt nicht mehr. Also, achten Sie auf ihn. Hören Sie zu, sehen Sie sich ihn an, haben Sie ihn wieder lieb, und er wird wieder der zuverlässigste Begleiter Ihres Lebens. Sie haben nur den einen.

No sports

Sie leben gesund und gehen da und dort sogar bis an die Grenze Ihrer Kraft wie ein Marathonläufer. Was soll ich Leuten sagen, die Marathonsportler sind oder Autorennfahrer? Ich gebe ihnen denselben Rat wie allen Menschen, die durch ihr Leben rasen: Wer zuviel Gas gibt, sieht zuwenig Landschaft.

Halbgötter

Wir vertrauen in Krisen Ärzten das Wichtigste an, was wir haben, unser Leben. Und wenn da was schiefgeht, ist schon die Hälfte des Vertrauens weg. Und wenn die Halbgötter in Weiß dann noch nicht zugeben, daß da was schiefgegangen ist, dann ist das ganze Vertrauen weg.
Was jetzt wichtig wäre und Vertrauen schaffen würde, sind vier einzelne Worte: Es - tut - mir - leid! Diese vier Worte sind immer die beste vertrauensbildende Maßnahme, die ich kenne, für sich selbst, für Ärzte und für Patienten.

Kopflos glücklich

Es gibt Situationen im Leben, da hat man den Eindruck, wie immer man sich auch entscheidet, es ist falsch. Denn Ihr Kopf, den Sie fragen, hat auf alles immer eine kluge Antwort, für dieses und für jenes. Wenn es so ist, fragen Sie doch einfach ein anderes Organ. Sie müssen Ihr Herz fragen, wenn der Kopf es wieder einmal allen recht machen will. Sie müssen Ihr Herz sprechen lassen. Es schlägt nur für Sie!

Migräne

Warum es sie gibt? Sie tyrannisiert, sie zermartert Menschen. Und wir stehen daneben und wissen nicht, wie wir ihnen helfen können. Doch jede Krankheit hat immer drei Ebenen, eine körperliche, eine seelische, aber auch eine soziale. Was nun den Körper angeht, da muß der Arzt und Heiler her. Die seelische Seite ist in erster Linie Ihre eigene Aufgabe. Aber an der sozialen Ebene, da sind wir alle dran beteiligt. Das darf uns einfach so schnell nicht passieren, daß kranke Menschen uns auf die Nerven gehen. Wenn wir das ändern, dann haben wir schon ein Drittel der Krankheit geheilt.

Der böse Geist

Ganz große Chancen, gesund zu bleiben und gesund zu werden, haben Sie, wenn Sie es verstehen, Ihre Lebensgeister zu wecken, Ihre guten Geister. Denn wenn wir krank sind, sind wir nach der Überlieferung vieler Völker von allen guten Geistern verlassen. Was Sie also jetzt machen sollen, wenn Sie gesund bleiben wollen? Sich um Gottes willen begeistern lassen.

Hypnose

Das ist nicht das Schlechteste, neugierig zu sein und neue Erfahrungen zu machen. Mal schau'n, was mit mir passiert. Aber vielleicht glauben Sie nicht an Hypnose und weigern sich mannhaft einzuschlafen, oder Sie haben in Ihrer Nähe einfach keinen seriösen Hypnotiseur. Dann fangen Sie eben einfacher an. Es lohnt sich. Denn irgendeinen wird es doch geben, der Ihnen wenigstens den Kopf verdreht.

Magersucht

Viele suchen nach dem Schuldigen für diese Krankheit. Unsere Sprache hat ihn längst gefunden. Die sagt nämlich: „Ich habe mir das Bein gebrochen“, „Ich habe mich übergeben“. Ich! Und sonst niemand! Und solange wir hingehen und nicht bei uns selbst die Ursache suchen, solange wir hingehen und uns selbst verletzen und uns nicht liebhaben, so lange kann uns niemand heilen.

Verbrannt

Solange man einen Unfall als Katastrophe sieht, so lange schaut man in ein großes, schwarzes, tiefes Loch. Sobald man aber einen Unfall als Herausforderung annehmen kann, sieht man das Licht am Ende des Tunnels.

Gesundbeter

Wenn Menschen auf der Suche nach Heilung sind, dann sind sie bereit, ganz lange Wege zu gehen: Sie reisen nach Lourdes, auf die Philippinen, zu den Indianern. Aber Heilung gibt es überall, und den Himmel gibt es nicht nur über dem Amazonas, sondern auch über Kalterherberg. Und wenn es ihn über Kalterherberg gibt, dann gibt es ihn auch bei Ihnen.

Herzinfarkt

Das Herz ist unser wichtigstes Organ: Es hat eine Doppelfunktion. Es hält unseren Organismus am Leben - und die Dichter aller Völker sehen in ihm den Sitz unserer Gefühle. Das Herz hat also viel zu tun - aber es ist stark und belastbar. Sie können ihm einiges zumuten und zutrauen: Tränen und Lachen, Stille und Lärm, Trauer und Freude. Also, was immer Sie auch tun: Machen Sie nichts halbherzig - und seien Sie mit ganzem Herzen dabei.

Was Ihnen fehlt

Wer krank ist, hat etwas verloren. Und wer gesund werden will, der muß etwas finden, was er offenbar verloren hat. Und es gibt nur eine Möglichkeit, das wiederzufinden. Er muß etwas üben, er muß trainieren, um zukünftig zu halten, was er oft verliert. Und das ist Vertrauen. Die einzige Brücke in eine heilende Wirklichkeit ist Vertrauen.

Es ist doch deine Liebe

Ich liebe alle Frauen

Ich liebe alle Frauen, mehr oder weniger. Ein mutiger Satz. Genauso mutig, wie zu sagen: Ich liebe alles an meiner Frau. Mehr oder weniger. Der Unterschied liegt vielleicht da, daß die einen angeben und die andern annehmen.

Zwillinge

Jeder von uns fühlt wie ein Zwilling und macht sich auf die Suche nach seiner anderen Hälfte, die genauso fühlt, die genauso denkt und genauso leidet. Wir sind auf der Suche nach einem Seelenverwandten, einem Zwilling im Geist. Und unsere Chancen sind gar nicht so schlecht, ihn auch zu finden, denn ich kann Ihnen eins verraten: Ihre Chancen sind doppelt so groß, wie Sie denken, denn der, den Sie suchen, der sucht Sie auch.

Ein Mann aus der Zeitung

Wenn Sie einsam sind und verzweifelt einen Partner, einen Menschen suchen, und es läßt sich bei aller Liebe keiner finden, dann geben Sie sich nicht auf, geben Sie eine Anzeige auf. Es könnte ja sein, daß Sie zu sehr suchen. Also lassen Sie sich doch endlich finden.

Die Frau im Hintergrund

Der eine steht im Vordergrund, die andere steht im Hintergrund, und sie passen eigentlich ganz gut zusammen. Ich frage mich, warum funktioniert das? Ist es so wie beim Orchester, wo der eine die erste Geige spielt, der andere die zweite Geige? Und die erste Geige nur deshalb gut ist, weil es einen gibt, der die zweite Geige spielt? Entscheidend ist wohl, daß sie auf einen Ton gestimmt sind. Ich glaube, es ist nicht die Position, sondern die richtige Stimmung.

Wilder Mann

Mit wem oder was sind Sie denn verheiratet? Haben Sie einen Hahn zu Hause oder einen Adler? Den Unterschied kennen Sie nicht? Einen Hahn haben Sie, wenn Sie ihn dreimal täglich füttern und er dennoch ständig nach anderen Hühnern schaut. Also putt, putt, putt, und er macht pick, pick, pick und ißt alles auf. Das ist ein Hahn. Und ein Adler? Dem müssen Sie nur die Sonne zeigen. Meinetwegen mitten in der Nacht. Und wenn er dann unruhig wird und fliegt, dann haben Sie einen Adler.

Alte Schachtel, junger Typ

Den einen stört die Nase, den anderen stört das Alter - vergessen Sie alles! Denn es waren einmal eine etwas zu groß geratene Maus und ein etwas zu klein geratener Hund, und die sagten: Weißt du was, wir fühlen uns doch sauwohl, wenn wir zusammenbleiben - und es störte kein Schwein! Oder etwa Sie?

Liebe im Alter

Früh gefreit hat selten gereut“, sagt ein altes Sprichwort, aber „alt gefreit hat viele Leute gefreut“, sagten mir meine Gäste. Egal, wie alt Sie werden - man scheint ja da ein bißchen gebrechlich zu werden - eins scheint überhaupt nicht zu brechen: das Gefühl und das Herz. Also sage ich: Je mehr Sie auf Ihr Herz hören, desto weniger müssen Sie auf die Leute hören.

Mit 70 noch Vater

Die Liebe muß einen schon erwischen, wenn man mit siebzig oder noch älter noch einmal von vorne anfängt. Aber wenn Sie demnächst auf der Straße jemandem begegnen, graues Haar, Falten im Gesicht, aussehend wie ein Opa, nennen Sie ihn um Gottes willen nicht Opa, es könnte ja sein, daß es sich um einen dynamischen jungen Vater handelt. Wenn Sie heute darüber die Nase rümpfen, morgen können Sie vielleicht schon selber betroffen sein! Dann sehen Sie aber alt aus.

Mein Mann gehört einer anderen

Wir reden von der Liebe oft wie von einem Gegenstand. Wir sprechen von „gestohlen", „betrügen", „besitzen". Aber wir wissen alle: Liebe kann man nicht kaufen, nicht einklagen, nicht eintauschen. Man kann nur eins: Man kann sie verschenken und sich darüber freuen, wenn man sie geschenkt bekommt.

Ehehölle

Was haben Ehefrauen nicht alles unternommen, um ihre Ehen zu retten! Sie haben alles gemacht. Sie haben Kompromisse gemacht. Sie sind den Männern entgegengegangen. Sie haben um Hilfe geschrien. Sie sind bei der Polizei gewesen. Sie sind bei Psychologen gewesen. Alles haben sie gemacht. Und jetzt? Jetzt sind sie doch fertig. Klein und hilflos. Eigentlich machen sie dasselbe wie ein kleines Kind. Sie weinen und sie schreien. Warum weint ein Kind? Warum schreit ein Kind? Weil es irgend jemanden sucht, der hilft. Nicht der schlechteste Weg, seiner Hoffnung Ausdruck zu geben.

Wahlverwandtschaft

Man müßte mehrere Männer haben. Einen dafür, daß er für die Kinder da ist. Der zweite muß arbeiten. Der dritte, was soll der machen, der ist für die Liebe da. Aber das geht ja nicht. Man kann sich selten mehrere Ehemänner leisten.

Aber ich denke, man kann sich mehrere Väter oder Mütter leisten. Einen, der einen zeugt, den braucht man, und einen, der mit einem Fußball spielt. Man braucht eine Beziehung, und man braucht einen, der stolz auf einen ist. Wenn Sie irgendwo sehen, daß da ein Vater fehlt und dort fehlt eine Mutter, gehen Sie hin, Sie werden gebraucht.

Scheidung

Heiraten ist keine Kunst, aber sich scheiden zu lassen, sich zu trennen, das scheint eine Kunst zu sein. Das Dumme ist, man lernt sie mitten und nur in seiner Ehe. Nirgendwo sonst! Und was lernt man da für eine Kunst? Den anderen nicht klein zu machen, damit man selber größer erscheint, sondern selber großzügig sein. Groß werden, ohne den anderen klein zu machen. Wissen Sie was, das ist die beste Voraussetzung für ein neues Stück Leben. Erst dann sollten Sie es noch einmal versuchen.

Ehe ohne Liebe

Ehe ohne Liebe, Liebe ohne Ehe. So kann das doch nicht weitergehen. Und mir fällt eigentlich ein Satz ein, der schon 200 Jahre alt ist: „Heirate, und du wirst es bereuen, heirate nicht, und du wirst es auch bereuen. Heirate oder heirate nicht, bereuen wirst du beides.“

Und was ist daran wahr? Na, daß man jemanden finden muß, dem man vertrauen kann, ob man heiratet oder nicht. Besser ein Vertrauter als ein Trauschein, finden Sie nicht?

Männerfreundschaften

Zwei sind besser dran als einer. Denn wenn einer in ein Loch fällt, kommt der zweite und hilft ihm heraus.“ Das steht schon in der Bibel und wird meistens von Pfarrersleuten erzählt, wenn sie eine Trauung halten. Aber keiner Ihrer Pfarrer sagt Ihnen, was da im nächsten Satz steht: „Ein Dreifachband hält besser.“ Wenn Sie jetzt gerade heiraten wollen, fürchten Sie sich nicht vor der Wahrheit der Bibel. Es könnte doch sein, daß mit dem Dritten der Freund Ihres Mannes gemeint ist und Ihr Mann sehr glücklich ist.

Telefonsex

Sie haben mitgekriegt, daß man mit dem Telefon mittlerweile alles machen kann. Man kann spielen, man kann Sex haben und, und, und. Denn Telefonieren scheint auch so was zu sein wie eine Droge, wie eine Sucht. Wenn Sie einen Tip von mir haben wollen: Telefonieren Sie ruhig, wohin und mit wem Sie Lust haben - aber nicht über Gebühr!

Kleiner Mann ganz groß

Große Frauen, kleine Männer. Manchmal kann es ein Leben lang dauern, bis man merkt, die Erwartungen ans Leben, die waren einfach viel zu hoch. Und die Realität, die man erlebt hat, die war viel zu mickrig. Vielleicht kann es daran liegen, daß Sie viel zu hohe Absätze tragen. Also kommen Sie doch mit Ihren Erwartungen auf den Teppich.

Übergewicht

Irgendwann im Leben, wenn man mit jemandem zusammenleben will, ob man nun heiratet, sich verliebt oder irgendeine Beziehung hat, dann verspricht man sich, miteinander durch dick und dünn zu gehen und beieinander zu bleiben in guten und in schweren Zeiten. Und wenn dann die schweren Zeiten kommen, was dann? Wissen Sie was, nehmen Sie es leicht!

Ich bin Hausmann

Die Rollen sind ins Rollen geraten und wandern weiter. Noch ist es vielleicht schwierig, Hausmann zu sein. Und es ist ja auch schwierig, immer gegen den Strom zu schwimmen. Vielleicht muß sich die Rolle erst ändern. Und das ist eine Arbeit, an der wir alle beteiligt sind. Fünf Hausmänner reichen nicht. Auch nicht 50. Nicht einmal 50.000!
Darum, wenn Sie demnächst irgendeinen Mann einen Kinderwagen schieben sehen, machen Sie ihm mal ein Kompliment. Sie werden sehen, es bewegt sich was, und alles wird sich ändern.

Powerfrauen

Jahrhunderte, ja Jahrtausende lang galt für Frauen immer: Sucht euch einen starken Mann. Ihr braucht die Schulter zum Anlehnen. Ihr braucht einen starken Beschützer. Mein Tip an alle Frauen ist: Sucht euch nicht bei Männern die Stärke, da werdet ihr oft genug lange suchen müssen. Sucht doch die Stärke bei euch. Sucht sie auch in euch. Und wenn ihr sie dann gefunden habt, liebe Frauen, dann könnt ihr euch auch manche Schwäche leisten, meinetwegen auch für Männer.

Single

Wenn Sie Lebensmittel kaufen, gibt es alles, was es früher für viele und ganze Familien gab, jetzt auch in Singlepackungen. Also Mehl und Milch, aus denen Sie gerade mal einen Pfannkuchen backen können. Man lebt offenbar immer mehr single. Bei Immobilien und Appartements dasselbe. Als Familienvater kommt man sich langsam vor wie eine aussterbende Art. Aber wissen Sie was, im Duett ist es ganz nett.

Schicksal

Auch in Ihrem Leben hat das Schicksal schon mal Regie geführt. Das glauben Sie nicht? Den Beweis haben Sie zu Hause - in Ihrem Fotoalbum. Wenn Sie das durchblättern, stoßen Sie auf viele schicksalhafte Begegnungen. Und was in der Vergangenheit möglich war, wird auch in der Zukunft passieren. Mein Tip: Lassen Sie Platz in Ihrem Lebensalbum, denn es warten da noch ein paar Bilder.

Fern - Sehhilfe

Fernsehen ist oberflächlich. Nicht nur, weil das Bild keine Tiefe und dritte Dimension hat. Dabei ist das weniger eine Frage der Technik als der, womit man guckt. Und da gibt es diesen schönen Satz: „Man sieht nur mit dem Herzen gut" - und fern. Vielleicht ist manche Sendung eine kleine Sehhilfe für Ihr Herz? Schau'n Sie mal.

Schwule Väter

Es geht nicht nur homosexuellen Männern so, daß sie mitten auf ihrem Lebensweg auf einmal eine Entscheidung treffen müssen, nämlich: Darf ich den liebsten Menschen, den ich habe, verletzen, oder muß ich meine Lebensziele verleugnen?
Man hat oft genug das Gefühl, daß es ganz egal ist, was man macht. Es ist falsch! Aber wenn beides, was man macht, falsch ist, dann muß in beidem auch etwas Richtiges drinstecken. Es kommt also alles darauf an, daß man sich endlich entscheidet und dann den einen Weg geht und den anderen hinter sich läßt.

Ein bißchen bi

Es ist ja natürlich, daß ein Mann eine Frau liebt und daß eine Frau einen Mann liebt. Und Gott sei Dank wird langsam normal, daß manchmal ein Mann einen Mann liebt und manchmal eine Frau eine Frau. Aber daß einer bi ist, ist das normal? Soll er doch, denn keine Regel ohne Ausnahme. Denn das ist auch normal.

Transsexualität

Es gibt Menschen, die nicht in ihrer Heimat geboren worden sind, sondern in der Fremde, sogar in der fremdesten Fremde, in einem fremden Körper. Manche dieser Menschen haben sich aufgemacht, ihre Heimat, ihre eigentliche Bestimmung zu finden. Sie selbst werden ein Gespür dafür haben, was es heißt, Heimweh zu haben und unterwegs zu sein, immer auf der Suche, weil Ihnen etwas fehlt und Sie ahnen, daß Sie noch irgend etwas erwartet, wo Sie sich wohl fühlen. Und wenn Sie so empfinden, dann helfen Sie doch solchen Menschen unter uns, ihre Heimat zu finden. Und wenn Sie selbst noch auf der Suche nach Ihrer Heimat sind, dann machen Sie sich einfach auf den Weg.

Wochenendehe

Überlegen Sie einmal genau, wann Sie zum letzten Mal wirklich glücklich waren und wie lange das Gefühl gedauert hat, daß Sie glücklich waren, ganz glücklich. Wochen oder Tage, oder waren es nur Augenblicke? Sehen Sie, es kommt auf die Sekunde an.

Unverkäufliche Liebe

Liebe kann man nicht kaufen. Aber ich kenne Menschen, die haben sich dabei verkauft, körperlich, finanziell.
Trotzdem: Wenn Sie mich fragen, was ich Leuten sage, die sich auf eine Beziehung einlassen wollen? Zweierlei. Wenn's um die Liebe geht: Investieren Sie und gehen Sie bitte voll ins Risiko. Wenn's um Geld geht, Sparkasse!

Liebeskummer

Es gibt einen Schlager „Liebeskummer lohnt sich nicht, mein Darling“. Ich aber sage, Liebeskummer lohnt sich doch. Für mich, muß ich dazu sagen, ich habe unendlich oft Liebeskummer und das Gefühl gehabt, ich werde dadurch erwachsen. Und erwachsen ist man eigentlich nie genug. Also, was wünsche ich Ihnen: Liebeskummer in Depotdosen.

Es sind doch unsere Kinder

Geburten

Tip für werdende Väter: Mütter haben's leicht – da wächst die Beziehung und damit die Liebe zum Kind neun Monate lang. Beim Vater wächst gar nichts. Vielleicht beunruhigt Sie das, oder Sie denken, Sie sind gefühlskalt. Ich kann Sie beruhigen: Alles ganz normal. Die Liebe wird wachsen. Wie? Die Liebe wird sich entwickeln, wenn Sie Ihr Kind wickeln!

Eine gute Mutter

Was ist eine gute, was ist eine schlechte Mutter? Das weiß kein Papst, das weiß kein Pfarrer. Das weiß kein Kohl. Es gibt nur einen, den Sie fragen können: Ihr Kind! Und es wäre doch eine gute Idee, sich Zeit zu nehmen und irgendwann mal zu fragen: „Sag mal, bin ich dir eigentlich eine gute Mutter?“ Fragen Sie doch.

Alleinerziehender Vater

Von alleinerziehenden Vätern kann man Entscheidendes lernen. Durch einen Schicksalsschlag entdeckt man mit einem Mal zwei Sorten Kinder. Einmal die, die man immer schon hatte, die man gezeugt hat, und das Kind im Manne.
Ich werde oft gefragt: „Warum lädst du denn diese Leute mit diesem Thema ein?“ Ganz einfach. Ich möchte nicht, daß Sie erst so einen Schicksalsschlag erleiden müssen, um beide Sorten Kinder zu entdekken, Ihre eigenen und das innen drin. Die brauchen sich gegenseitig und haben sich sehr lieb.

Scheidungskinder

Von seinem Ehepartner kann man sich trennen, wenn man ihn nicht mehr riechen kann. Man kann ihn sogar mit der Zeit versuchen zu vergessen. Aber offenbar kann man sich nicht von den Kindern trennen, die man hat. Denn die Kinder können sich auch nicht von Mutter und Vater trennen. Und was macht man, wenn diese Beziehung zu den Kindern gar nicht aufzulösen ist? Dann wird man irgendwann merken, daß es nie zu spät ist. Es kommt die Zeit, da können Sie ein Handwerkszeug auspacken, das diese Beziehung wieder aufleben läßt, Ihr Herz. Der Hebel steckt in Ihnen. Neues Leben - nicht nur für die Kinder.

Ich darf mein Kind nicht sehen

Wenn eine Beziehung zu Ende geht, ob man verheiratet war oder nicht, ist man äußerst verwundbar und verletzlich. Man sucht nach Schutz und sucht auch eine Waffe. Aber was einer auf keinen Fall machen darf, ist, ein Kind als Waffe einzusetzen. Denn das kostet meistens ein Leben.
Wenn Sie schon streiten müssen, vermeintlich, um die Verwundung heilen zu lassen, dann opfern Sie nicht Ihr Kind, sondern Ihren Ehrgeiz, Ihre Eitelkeit, vielleicht Ihre Ehre, meinetwegen auch Ihr Recht, aber kein Kind, denn Sie wollen doch ein Leben retten. So retten Sie mindestens zwei.

Stieffamilien

Jeder sehnt sich nach einer heilen Welt, einer heilen Familie. Die Realität sieht anders aus: Familien gehen kaputt und werden neu zusammengesetzt - ein Problem für alle Beteiligten. Wenn die Familie wieder heil werden soll, muß jeder Verantwortung übernehmen. Und Verantwortung heißt: antworten - auch auf Fragen, die keiner stellt. Aber sie stehen im Raum. Also machen Sie Ihr Herz auf und antworten Sie!

Drogen

Wenn Ihr Kind völlig aus der Bahn gerät und sich so verhält, daß Sie ihm nicht mehr helfen können, dann können Sie nichts mehr tun mit Ihrem Kopf, mit Ihrem Herzen, mit Ihren Händen - aber mit Ihren Füßen: Stellen Sie sich hinter Ihr Kind, denn nur das ist die Position, wo Sie es verstehen können.

Junkie

Die Väter sind nicht da. Und sie waren wahrscheinlich auch nicht da, als die Tragödie der Drogenkarriere begann. Väter scheinen sich irgendwie zu drücken. Zumindest fehlen sie auffällig oft. Vielleicht beginnt jede Krankheit einmal damit, daß jemand sich gedrückt hat. Darum meine Bitte an Sie: Wenn Sie jemanden fallen oder sogar untergehen sehen, drücken Sie sich nicht, drücken Sie ihn!

Scham

Ein elf, zwölf Jahre altes übermäßig dickes Kind weiß ganz genau, daß irgend etwas mit ihm nicht stimmt. Und das Dümmste, was Sie mit ihm machen können, ist zu sagen: „Mach' dir nix draus. Du mußt dich nicht schämen."
Scham, das ist doch eine überaus große Kraft, die von innen kommt und ein ganzes Leben verändern kann. Und man kann durch sie pfundweise neue Erfahrungen machen. Mut, Entschlossenheit, Humor und Durchhaltevermögen. Mit diesen Pfunden, die Sie dabei langsam sammeln, können Sie ein Leben lang wuchern.

Das Beste wollen

Für unsere Kinder nur das Beste", sagt man immer. Was haben wir nicht alles in unsere Kinder investiert! Wir haben die am besten ausgebildeten Pädagogen der ganzen Geschichte. Wir haben die unterschiedlichsten Schulsysteme. Und alles hat wahnsinnig viel Geld gekostet. Und was machen die Kinder? Sie schlagen das alles aus und schlagen es sogar mit Gewalt aus, was wir ihnen anbieten. Ich kann Ihnen sagen, warum. Sie wollen wirklich das Beste von uns. Und das ist Liebe, Abenteuer und Grenzen. Diese drei. Ohne Ausnahme!

Erwachsen sein

Was erwartet man, wenn man Kinder in die Welt setzt? Sie sollen glücklich werden, und sie sollen erwachsen werden. Aber was ist erwachsen? Das Wissen, wann man von etwas genug hat! Also genug Streit, genug Essen und auch genug von zu Hause. Genug von Papa und genug von Mama. Kinder wollen nämlich immer mehr. Immer mehr, mehr, mehr. Und heute können Sie ein Stück erwachsener werden. Heute noch. Immer, wenn Sie sagen: „Es ist genug."

Der Code des Herzens

Das Herz der Menschen ist der raffinierteste Tresor der Welt. Aber ich kann Ihnen auch sagen, wie man ihn knackt. Ich weiß die Zahl. Es gibt eigentlich nur eine einzige. Es ist die Zahl Eins. Ein Kind in Indien. Vorname, Nachname, Eltern vielleicht. Oder ein Kind irgendwo in Brasilien. Stadt, Straße, Hausnummer vielleicht. Oder ein Kind irgendwo in Uganda, das mit dem aufgeblähten Bauch immer wieder verschwindet in der Menge der Menschen. Die Zahl, den Tresor zu öffnen, ist die Eins. *Eine* Geschichte, die ans Herz geht, dann öffnet es sich.

Ein Kind um jeden Preis

Es gibt so viele Eltern auf dieser Welt, die sich ein Kind wünschen, aber es nicht bekommen. Und es gibt eigentlich ebenso viele Kinder auf der Welt, die sich Vater und Mutter wünschen und sie doch nicht bekommen. Irgendwie muß es da doch einen Weg geben. Schließlich sagt man doch: „Die Liebe liebt nicht nur eigen Fleisch und Blut!"

Adoption

Irgendwann will jeder wissen, wer er ist und woher er kommt. Das gehört einfach zum Erwachsenwerden dazu, egal, ob man adoptiert oder ein leibliches Kind ist. Und mit jeder ehrlichen Antwort, die wir unseren Kindern auf die Frage „Wer bin ich?" geben, stärken wir ihr Rückgrat.

Kinder als Waffe

Daß Eheleute sich gegenseitig ihre Kinder entführen und entziehen, das passiert in Deutschland täglich. Und ich habe auch Verständnis dafür, daß jeder der beiden sagt: „Bei mir hat das Kind es am besten.“ Aber ich habe kein Verständnis dafür, daß man Kinder als Waffe und Werkzeug mißbraucht. Das ist zudem nicht nur eine Schweinerei, sondern auch dumm, denn irgendwann wird sich die Waffe gegen den richten, der sie zur Waffe gemacht hat.

Mißbrauch

Wie soll ich je verstehen, daß in unserer Gesellschaft Kinder von ihren Vätern und Müttern mißbraucht werden? Mein erstes Empfinden, mein erstes Verstehen gilt den Opfern. Aber was ist mit den Tätern? Denn wenn wir über die Täter reden, merkt man, sie müssen auch irgendwie Opfer sein. Vielleicht von ihren Vätern, ihren Großvätern, ihren Urgroßvätern. Und je mehr wir verstehen, was für Fehler in den Generationen vor uns gemacht wurden, um so eher haben wir die Chance, diese Fehler zu vermeiden und unseren Kindern ein Leben weiterzugeben, das hoffentlich ohne die alten Fehler ist.

Sekten

Nun haben wir über Jahrhunderte in unseren Familien immer ein Sonntagsthema gehabt. Und das war die Religion. Über Sex haben wir nie geredet. Doch seit einiger Zeit reden wir zu jeder Zeit und überall über Sex und nicht mehr über Religion. Resultat: Keiner weiß mehr, wo es oben langgeht.
Tip von mir, Sie müssen schon in Ihrer Familie über die einfachen Fragen reden: Wo komm ich her, wo geh' ich hin, und was ist das alles hier? Und ich kann Ihnen versprechen, Ihre Seele ist genauso interessant, genauso geheimnisvoll und genauso erregbar wie Ihr Körper.

Söhne berühmter Väter

Es gibt ja unendlich viele Gründe, warum die Väter nicht für ihre Söhne da sein können. Zum einen sagen sie: „Ich muß immer arbeiten." Dann sagen sie: „Ich muß Sportschau gucken." Dann: „Ich bin einfach viel zu müde." Doch es gibt einen guten Grund, alle diese Gründe zur Seite zu schieben. Als Vater sind Sie unersetzlich.

Trauer ums Kind

Alles braucht seine Zeit, auch und erst recht die Trauer um ein verlorenes Kind. Denn wenn man die Eltern verliert, verliert man ein Stück Vergangenheit. Aber wenn man ein Kind verliert, verliert man ein Stück Zukunft. Doch wenn man nun aus der Trauer nicht herausfindet, ein Leben lang nicht herausfindet, dann kann es sein, daß man die Gegenwart verspielt.

Dickkopf

Wenn unsere Kinder unbedingt etwas wollen, dann kann man sie nicht davon abhalten. Mit keinem Grund der Welt. Von wegen Sachzwang, Politik und kein Geld, all das ist unseren Kindern egal. Ich weiß, Sie wollen nur das Beste für Ihre Kinder. Aber sehen Sie doch ihre erstaunliche Energie! Das ist das Beste! Davon kann man lernen! Wir Erwachsenen scheitern oft genug mit dem, was wir wollen, gar nicht so sehr an Sachzwängen und großer oder kleiner Politik. Wir scheitern viel eher an unserer mangelnden Energie. Auf deutsch, wir kriegen oft genug den Hintern nicht mehr hoch. Also, schalten Sie in Krisenzeiten doch einfach Ihren Kindskopf wieder an, der bringt Ihnen Ihre verbrauchte Energie sofort zurück.

Vertrauen

Kinder brauchen Schutz, aber sie brauchen auch Freiheit, um sich zu entwickeln. Es kommt der Tag, da geht Ihr Kind den Schulweg zum ersten Mal alleine. Es wäre der größte Fehler, dem Kind Ihre Angst und Unsicherheit mit in den Schulranzen zu packen - dann trägt es die nämlich ein Leben lang mit sich rum. Packen Sie ihm was anderes rein: Vertrauen. Und wenn Sie mich fragen: Gottvertrauen.

Es ist doch dein Leben

Meistens kommt es anders

Im Leben kann einem alles passieren. Auch Dinge, die man gar nicht verarbeiten kann. Der eine bricht sich ein Bein und kann nicht damit umgehen. Die andere wird aus dem Haus geworfen und kann nicht damit umgehen. Und dem dritten versinkt in der Flut das Haus und ganze Existenzen im tiefen Wasser. Das Leben ist eben kein Rosengarten. Aber wenn Ihnen das alles passiert ist, dann machen Sie es doch Ihrer Mutter nach: Was kommt, wird gewickelt.

Erfahrung

Wenn einer eine Reise macht, dann kann er was erzählen. Einfach deswegen, weil ihm auch eine Menge passiert. Man kann ja sagen, bleib doch lieber zu Hause. Da passiert nichts. Aber wer sich nicht in Gefahr begibt, kommt darin um, denn es kann Ihnen auch dort ein Dachziegel auf den Kopf fallen, kaum daß Sie aus der Tür gehen. Mensch wird man durch Erfahrung. Und die macht man nur auf Fahrt.

Urlaub solo

Es müssen nicht gleich die Philippinen sein. Es muß auch nicht ein Wüstencamp sein. Es muß nicht Kapstadt sein, es reicht ja, einfach ein Abenteuer zu erleben. Aber dazu braucht man kein Flugticket. Ich glaube, das größte Abenteuer ist, ein paar Tage, ein paar Wochen einmal mit sich ganz alleine zu sein. Und da können Sie heute schon mit anfangen.

Haustiere

Wenn wir Pflanzen aus unserem Garten holen, dann sind wir für die Pflanzen, die wir in unser Haus holen, verantwortlich. Wir sind ihr Regen, wir sind ihr Licht. Wir vertreten die ganze Natur für diese Pflanzen.
Und wenn Sie ein Tier in Ihre Wohnung nehmen? Das ist doch mindestens genauso. Sie tragen Verantwortung für jedes Tier, das Sie in die Wohnung nehmen. Sie müssen all das bereithalten, was die Natur diesem Tier bietet, Leben und Tod. Wenn Sie dazu nicht bereit oder in der Lage sind, dann müssen Sie auf ein Tier, nicht aber auf Ihre Erfahrung damit verzichten. Gehen Sie doch einfach in den Zoo, gucken Sie sich ein paar Raubkatzen an, und da müssen Sie auch gut auf sich aufpassen.

Artenschutz

Wir rotten unsere Bauern aus wie in Südamerika Indianerstämme. 20.000 Bauernhöfe pro Jahr. Das heißt 20.000 Familien. 20.000 Schicksale. Mit einem Wort: inhuman. Und es fällt dabei niemandem auf, daß das Wort human, also menschlich, verwandt ist mit dem Wort Humus. Gute Erde. Und es könnte doch sein, daß wir, wenn wir Bauern ausrotten mit ihrer Erfahrung des Wachsens, des Säens, des Wartens, eine unserer wesentlichsten Erfahrungen abwürgen, die uns alle menschlich bleiben ließ.

Naturkatastrophen

Die Natur schlägt zurück. Und ich weiß, in jedem Schlag liegt auch eine versteckte Botschaft. Was könnte das sein, was will die Natur nur sagen? Ich denke, sie sagt: Ihr Menschen seid übermütig, hochmütig geworden, ihr baut Wolkenkratzer in meine unendlich tiefen Narben. Ihr betoniert meine Adern, die Flüsse, zu.

Wenn wir die Natur wieder von ihrer freundlichen Seite erleben wollen, dann kommt es darauf an, weniger zu herrschen als zu dienen und demütiger mit ihr zu reden und umzugehen.

Alarmanlagen

Nachbarn lernt man meistens kennen, wenn es zu spät ist. Dann, wenn eingebrochen wird, oder bei einer Beerdigung. Aber Nachbarn sind der ideale Schutz gegen Diebe. Also mache ich Ihnen einen Vorschlag, den Sie noch nirgendwo gehört haben, bei „XY ungelöst“ nicht und in keiner Krimiserie. Gehen Sie gleich zu Ihrem Nachbarn, sagen Sie „Guten Abend“ und planen Sie gemeinsam ein Straßenfest. Im großen Stil! Gegen 22.00 Uhr werden Sie sich duzen, und gegen 23.00 Uhr ist jeder einzelne für die ganze Straße verantwortlich. Und wissen Sie, was dann passiert? Sie passen gut auf Sie auf!

Jude in Deutschland

Bei allen besonderen Gaben und Eigentümlichkeiten, die vielleicht jüdische Menschen haben, gibt es etwas ganz Kostbares, was es in Deutschland wahnsinnig selten gibt, nämlich Witz und Humor. Beispiele dafür sind Jerry Lewis oder Ephraim Kishon oder Woody Allen. Und davon haben wir heute in Deutschland gerade erst einmal wieder 40.000! Seh'n Sie, wir haben wieder etwas ganz Kostbares unter uns.

Wann beginnt das Leben?

Es gibt einen wundervollen jiddischen Witz. Wann fängt das Leben an? Der katholische Pfarrer, der gefragt wird, sagt: „Bei der Zeugung.“ Der evangelische Pfarrer, etwas liberaler, sagt: „Na ja, kann schon sein, aber eher doch in der zwölften Woche ungefähr.“ Der jüdische Rabbi aber sagt: „Das Leben fängt an, wenn die Kinder aus dem Haus sind.“
Und ich sage: Vielleicht fängt das Leben auch erst an, wenn man nicht jeden Tag arbeiten gehen muß. Und dann gilt: Es ist noch kein Rentner vom Himmel gefallen. Das muß man lernen. Also, nehmen Sie sich Zeit. Sie haben sie doch!

Analphabeten

Was Hänschen nicht lernt, lernt Hans nimmer mehr. Ich kann Ihnen auch sagen, warum: Hänschen lernt spielend und ohne Druck. Und wenn Sie dann als alter Hans oder Gretel mit sechzig, siebzig Jahren noch was lernen wollen - Skifahren, Schwimmen oder sogar Englisch -, dann kann ich Ihnen nur einen einzigen Rat geben: Lernen Sie spielend, einfach sich Zeit gebend, locker. Denn wenn Sie wie ein Erwachsener an die Sache herangehen, dann geht das nie in Ihre Birne

Freiheit

Menschen aus dem Osten müssen sich bei uns im Westen anhören, was wir so alles unter Freiheit verstehen. Und was kommt ihnen da zu Ohren? Freiheit, das ist Karriere oder abstürzen. Fressen oder gefressen werden. Und daß jeder seines Glückes Schmied ist.
Da sagen die, daß das nicht ganz stimmt. Sie haben erfahren, daß Freiheit auch Solidarität ist. Daß Freiheit Hilfsbereitschaft ist. Daß Freiheit Aufeinander-Zugehen ist und daß Freiheit auch Hilfe bedeutet. Wissen Sie, was ich Ihnen sage: Die bewährteste Freiheit ist Brüderlichkeit.

Rufmord

Rufmord funktioniert nur so lange, wie wir gedankenlos weitergeben, was wir irgendwo aufgeschnappt haben. Ohne daran zu denken, daß ein Wort den Kopf eines anderen Menschen fordern kann.
Doch da gibt es einen, der sich für Ihre Geschichte am meisten interessiert. Das ist immer der Betroffene selbst, über den Sie was erzählen. Erzählen Sie es doch ihm zuerst!
Aber vor allem gilt: Lassen Sie nie eine gute Gelegenheit vorbeiziehen, wo Sie den Mund halten können.

Frauen im Knast

Wenn wir was ausgefressen haben, ob als Kind oder als Erwachsener, ob eine Kleinigkeit oder ein dickes Ding, dann wünschen wir uns einen milden, guten Richter. Und der beste Richter ist der, der nicht nur richtet, sondern aufrichtet. Sie haben jeden Tag die Wahl: Wollen Sie biegen und brechen - oder aufrichten.

Blechnapf

Man wird aus dem Gefängnis entlassen. Die Türen öffnen sich nach endlos vielen Jahren. Man ist endlich frei. Irrtum. Die sichtbaren Mauern sind einfacher zu überwinden als die unsichtbaren. Jetzt muß sich erst die Gesellschaft öffnen. Doch die öffnet sich nicht von selbst. Machen Sie sich auf und machen Sie auf.

Alt sein

Was bedeuten die Alten in unserer Gesellschaft heute? Doch relativ wenig. Zu langsam, zu lästig. Sie sind nicht richtig recyclebar, so müßte man es modern fast nennen. Dabei gucken wir uns das wichtigste Potential, das sie haben, gar nicht richtig an. Das ist nämlich ihre Erfahrung. Ihre Augen werden vielleicht jeden Tag schlechter, aber ihr Durchblick ist unschlagbar.

Ein Leben auf dem Gewissen

Sie haben den Tod eines Menschen verschuldet. Wen fürchten Sie jetzt am meisten? Seine Mutter, seinen Freund? Auf jeden Fall seinen liebsten Menschen. Und ausgerechnet der klingelt jetzt bei Ihnen und sagt leise: „Ich muß jetzt mit Ihnen reden. Es ist genug, daß ein Mensch nicht weiterleben konnte. Zwei oder gar drei sind mehr als zuviel."
Da säen Tränen neues Leben.
Also, wenn Sie von jemandem verletzt worden sind und denken, da kommen Sie nicht 'rüber, wissen Sie was, gehen Sie doch 'rüber und klingeln Sie.

Deutscher Grabstein

Was soll man denn auf Ihren Grabstein schreiben? „Nur Arbeit war sein Leben"? Wenn Sie ein Pferd wären, wäre das ja o.k. und wunderbar, und Sie machten dem Pfarrer keine Arbeit. Aber bei Ihnen sollte doch eher was Menschliches stehen.

Bruderkrieg

Wenn Sie Geschwister haben, dann wissen Sie, zu welchen entsetzlichen Auseinandersetzungen es da kommen kann, bis hin zum „Bruderkrieg“. Und warum sind Bruderkriege immer so besonders entsetzlich?

Ich sag's Ihnen: Weil man ganz genau weiß, wo der Bruder verwundbar ist, und ganz genau, wo man Salz 'reinstreuen muß. Wir sind uns so verdammt ähnlich, und deswegen fängt Versöhnung nicht damit an, daß man sagt: „Ich vergebe dir“, sondern: „Ich vergebe mir.“

Behörden

Mit unserer deutschen Bürokratie ist es immer noch harmlos. Denn wenn Sie in Singapur über eine rote Ampel fahren, dann winkt der Polizist Sie raus und sagt: „Liegestütz, Liegestütz, Liegestütz.“ Zweifellos ein doppelter Beitrag zur Volksgesundheit.

Wenn Sie also das nächstemal in irgendeinem Amt steh'n und sich ärgern, werfen Sie einfach die Tür zu und sagen: Wem der liebe Gott ein Amt gibt, dem soll er gefälligst auch das Sitzfleisch geben, das auszuhalten. Dabei bleiben wenigstens Sie gesund.

Bellende Hunde

Offenbar kann man Hunde besser mit den Augen verstehen als mit den Ohren. Also, wenn Sie morgen irgendwo im Büro angeblufft oder angebellt werden, halten Sie sich kurz die Ohren zu, schauen Sie dem Kläffer in die Augen und denken: Das hohe Tier da will wahrscheinlich nur gestreichelt werden!

Doppelleben

Wer ist eigentlich daran schuld, daß wir so schnell bereit sind, ein Doppelleben zu führen? Ich denke, die Eltern. Denn wenn die Tante da war, die wir alle nicht leiden konnten, was mußten wir machen? Einen Knicks. Oder der Onkel, den wir alle doof fanden? Einen Diener.
Sagen Sie doch öfter jemandem die Wahrheit mitten ins Gesicht. O.k., Sie haben dann nur die Hälfte der Freunde, aber Sie haben garantiert doppelt soviel vom Leben.

Friedhofsleben

Man sagt „schweigen wie ein Grab“. Stimmt gar nicht, Gräber erzählen die tollsten Geschichten! Eine kenn' ich. Auf dem Grab steht „Hier ruht Maria Elisabeth - links ihr Mann, rechts ihr Freund, im Tode sind sie endlich vereint.“ Kein Witz, gibt es wirklich. Also, wenn Sie aufregende Geschichten suchen: Gehen Sie auf den Friedhof - da ist das Leben!

Idealisten

Wenn wir unsere Welt einteilen in Realisten hier und Idealisten dort, in seriöse Leute hier und Schwärmer da, driftet alles weiter munter auseinander. Überall Menschen, die sich nicht mehr finden. Entsetzlich. Wissen Sie, was der alte Ben Gurion gesagt hat: „Nur der ist ein Realist, der an Wunder glaubt.“ Sehen Sie, wir haben uns alle verdammt nötig.

Humane Symphonie

Hänschen klein“ kann vielleicht mit einer Hand auf dem Klavier spielen. Dazu reichen die weißen Tasten allemal. Aber spielen Sie mal Beethoven. Da brauchen Sie unendlich viele schwarze. Schwarze und Weiße, alle gemeinsam, das wird erst eine wunderbare menschliche Symphonie.

Traum vom eigenen Haus

Der Traum vom eigenen Haus ist meistens nicht nur der Traum von einem Haus aus Stein, sondern auch der Traum von einem gelungenen Leben. Es ist der Traum, eine Familie zu haben und in ihr und mit ihr Geborgenheit und Schutz zu finden. Jeder hat ein Recht darauf, diesen Traum zu träumen, und Sie sollten ihn nicht untergehen lassen. Aber achten Sie auch darauf, daß dieser Traum nicht stärker wird als Ihr Bankkonto und nicht stärker als Ihr Verstand. Nur so sind Sie allen anderen Häuslebauern wirklich haushoch überlegen. Behalten Sie Ihren Traum, und passen Sie gut auf ihn auf.

Lebensträume

Schade, nur die wenigsten von uns werden ihren Lebenstraum erfüllen können. Schade, schade, schade! Denn Träume gehören zum Leben. Und wer nicht träumt in der Nacht, taugt nicht für den Tag. Und wer mit beiden Beinen fest auf der Erde steht, hat zwar einen Standpunkt, kommt aber keinen Schritt weiter.

Todesangst

Angst gehört zum Leben. Sie hat eine wichtige Funktion: Sie hilft uns, Gefahrensituationen des Lebens frühzeitig zu erkennen. Das ist gut so. Aber Angst vor der Angst zu haben ist eine schlimme und sehr böse Krankheit. Wenn man damit allein bleibt, kann diese Angst einen Menschen verrückt machen. Doch nur wer getröstet wird, bleibt bei Trost. Suchen Sie sich einen Menschen, der Sie versteht und damit tröstet, damit Sie in dieser Zeit nicht verrückt werden.

Suizid

Heute abend kommt ein Mann zu Ihnen, der sagt: „Ich bin nichts wert, ich kann nichts, ich bringe mich um.“ Aber das einzige, was er in diesem Augenblick offenbar noch kann, ist, sich umzubringen. Wenn Sie jetzt keinen Augenblick daran zweifeln, stärken Sie sein Selbstbewußtsein. Und es gibt wieder einen Menschen, der wirklich an ihn glaubt. Und ein Mensch reicht, um am Leben zu bleiben.

Einfach abhauen

Jeder von uns kennt den Gedanken, der einem ab und zu durch den Kopf schießt: Heute ist mir alles zuviel. Ich würde am liebsten alles hinschmeißen und ein neues Leben anfangen.
Aber da gibt es Bindungen, die halten einen fest. Sie hindern einen daran, alles hinzuwerfen. Aber geben Sie Ihrem Wunsch doch ruhig einmal nach. Meistens reicht ja eine halbe Stunde, und man ist wieder da.

Trauer

Es gibt ganz wenige Augenblicke im Leben eines Menschen, wo man so offen ist für Worte, die einem Kraft geben können, wie in den Augenblicken großer Liebe und großer Trauer. Man sucht nach Worten, die einen kräftigen. Man liest den Kalender anders. Man liest die Zeitung anders. Man schlägt Bücher auf und sucht nach Worten, sucht nach Kraft. Man ist offen für Dichter, für die man sonst nichts übrig hat.
Kennen Sie Hermann Hesse? „Es muß das Herz bei jedem Lebensrufe bereit zum Abschied sein und Neubeginne, um sich in Tapferkeit und ohne Trauern in andre, neue Bindungen zu geben... Des Lebens Ruf an uns wird niemals enden... Wohlan denn, Herz, nimm Abschied und gesunde."

UFO

Stimmt's, oder stimmt's nicht? In Sachen Glaubwürdigkeit bin ich ein bißchen verseucht. Denn mein ganzes Leben lang erzähle ich schon die Geschichte, daß einer von uns vor 2000 Jahren von den Toten auferstanden sein soll. Und wenn die Leute mich nach Beweisen fragen, sage ich: Wissen Sie, persönliche Erfahrung, und ich habe auch die besten Zeugen dafür.

Also, wenn jemand mit einer merkwürdigen, unglaubwürdigen Geschichte zu Ihnen kommt, lachen Sie ihn nicht gleich aus. Es könnte ja sein, daß Sie zu früh lachen.

Bei mir spukt's

Der berühmte Naturwissenschaftler Isaac Newton wurde einmal gefragt, ob er an Geister glaube. Wissen Sie, was er gesagt hat? „Ja, aber mit Ihnen rede ich nicht darüber, Sie haben keine Ahnung davon." Was bedeutet das für Sie? Reden Sie nur mit Leuten über Geister, die etwas davon verstehen.

Hexen

Ich kenne Frauen, die sagen, sie könnten hexen. Das ist erst einmal ihre Sache. Aber daß die Erde viel lebendiger ist, als wir bisher immer gedacht haben, das zu wissen und zu spüren ist ja keine Hexerei. Also der Fluß, den wir vergiften, vergiftet uns zurück. Die Luft, die wir verpesten, die erstickt uns. Die Erde lebt.

Ich bin schön

Wissen Sie eigentlich, was Schönheit im Griechischen heißt? Wenn man nichts zu sagen weiß, muß man immer auf die alten Griechen zurückkommen. Die wußten einfach alles. Jedoch leider nur auf griechisch.
Also, Schönheit heißt Kosmos. Kosmos heißt aber auch Ordnung. Schönheit und Ordnung müssen offenbar zusammenhängen. Und das Gegenwort zu Kosmos heißt im Griechischen Chaos. Das ist Unordnung total, alles durcheinander. Und ich kann mir vorstellen, wenn man innen drin Chaos hat, wird man Schwierigkeiten haben, außen in Ordnung zu sein. Also fangen Sie am besten innen an.

Adel verpflichtet

Früher hat der König oder Kaiser die Adelstitel verliehen. Wissen Sie auch, warum? Weil die Titelanwärter etwas Wesentliches für die Gemeinschaft und das Volk gemacht hatten. Das ist vorbei. So kriegen Sie heute keinen Titel mehr. Es sei denn, Sie haben Geld und kaufen sich einen. Aber ich kenne einen noch viel preiswerteren Weg. Denn Adel kommt von edel. Also tun Sie etwas ganz Edles aus Ihrem Herzen heraus. Dann sind Sie zwar kein „von", aber ein „für". „Für" alle Menschen. Ein Fürst! Zufrieden?

Astrologie

Was soll ich Ihnen dazu sagen? Ich gebe Ihnen gleich zwei Ratschläge. Einmal: Wenn Sie Horoskope nach der Melodie benutzen wie: „Die Sterne sind schuld, weil der Mond wieder im siebten Haus steht", dann hängt bei Ihnen der Haussegen auch weiterhin schief. Aber wenn Sie Horoskope vielleicht so benutzen wie den Spiegel im Flur, in den Sie kurz hineinschau'n, frei nach dem Motto: „Wie seh' ich von außen betrachtet aus, wie geht es mir?", dann bleibt die Entscheidung, ob Sie so rausgehen wollen oder ob Sie etwas an sich verändern wollen, immer noch bei Ihnen.

Schutzengel

Vielleicht wissen Sie gar nicht, was das Wort Engel in der deutschen Sprache bedeutet. Denn eigentlich ist es ein griechisches Wort und bedeutet nicht weißes Männchen in Tüll oder so was ähnliches, sondern es bedeutet eigentlich „Bote". Vielleicht können wir uns alle darauf einigen, daß wir sehr viel erleben und daß alles vielleicht eine Botschaft enthält. Und wenn es so ist, dann ist es ja immer schlecht, die Botschaften und die Briefe, die man bekommt, ungeöffnet liegen zu lassen, oder?

Wahrsagen

Es wird immer wieder schwierig sein, Scharlatane von den Menschen zu unterscheiden, die sich wirklich Mühe geben, anderen Menschen zu helfen. Da gibt es nur eine Möglichkeit. Mit heller Vernunft selber ein Bild von seiner Zukunft entwerfen. Wenn Sie sich also um Ihre Zukunft sorgen, machen Sie sich doch mal Gedanken über Ihre Erwartungen. Gucken Sie, welche Ängste da sind, welche Freude, welche Begeisterung. Wenn wir unsere Ziele für die Ehe, für die Kinder, für das Land und die Erde kennen, dann macht uns mancher Quatsch, der uns so erzählt wird, nicht verrückt.

Die ARD-Talkshow

Die großen und kleinen Geschichten von nebenan, kuriose Zufälle und dramatische Ereignisse - das ist der Stoff, aus dem Moderator Jürgen Fliege seine Talkshow gestaltet.

Zu Gast in der Talkshow mit Jürgen Fliege sind Menschen, die ein gemeinsames Erlebnis, ein Schicksal, eine bestimmte Vorliebe verbindet: „Ich glaube an Hypnose", „Mein Zuhause war das Heim", „Das Schicksal hat uns zusammengeführt", lauten zum Beispiel die Themen der Talkshow, die montags bis donnerstags um 16'o3 Uhr in der ARD zu sehen ist.

Seit dem 28. Februar 1994 sendet die ARD die nachmittägliche Show, die so heißt wie ihr Moderator: „Fliege". In den Vereinigten Staaten sind diese Shows seit mehr als dreißig Jahren überaus beliebt: Gesprächsrunden mit Menschen wie du und ich. Die rund achtzig Studiogäste, die der Show live folgen können, dürfen und sollen mitreden, den Gästen auf der Bühne Fragen stellen - stellvertretend für das Publikum an den Bildschirmen.

Jede Sendung endet damit, daß der Moderator die in der Talkshow ausgesprochenen Gedanken und Gefühle noch einmal in einem Schlußwort zusammenfaßt: „Passen Sie gut auf sich auf", verabschiedet Jürgen Fliege seine Gäste und Zuschauer.

Sensibilität und Einfühlungsvermögen sind die Stärken von Jürgen Fliege (48). Der evangelische Pfarrer, Filmemacher und Autor lebt mit seiner Familie in Berlin und kommt zu den Aufzeichnungen nach München.

Dort produziert TeleTime Fernsehproduktion GmbH & Co., Talkshowproduktion KG, im Auftrag des Bayerischen Rundfunks für die ARD die Talkshow „Fliege". Produzent und Geschäftsführer Johannes C. Weiss (42) war beim Bayerischen Rundfunk und dann Programmdirektor des Privatsenders SAT.1, bevor er sich mit TeleTime selbständig machte.

Rund zwanzig Redakteurinnen und Redakteure recherchieren Themen, suchen und befragen mögliche Talk-Kandidaten. Oft ergeben sich die Themen aus Anregungen von Zuschauern, die Jürgen Fliege schreiben. Denn der Moderator und die Redaktion erhalten jeden Tag zahlreiche Briefe, in denen Menschen um Hilfe bitten, ihre Probleme schildern oder Themen vorschlagen.

Neben der Redaktion sorgen Produktion und Technik mit mehr als dreißig Mitarbeitern dafür, daß die Talkshow nicht nur inhaltlich, sondern auch technisch sendefertig wird: Regisseur, Kameraleute, Bildtechniker, Beleuchter, Tontechniker und viele mehr.

Die Talkshow „Fliege" hat sich zu einer der erfolgreichsten Nachmittagssendungen in der ARD entwickelt. Seit Beginn der Ausstrahlung sind die Einschaltquoten kontinuierlich gestiegen. Im Schnitt sehen 1,5 Millionen Zuschauer zu. Der durchschnittliche Marktanteil lag im April 1995 bei rund 15,6 Prozent.

Nach vielen Sendungen erreichen die Redaktion der Talkshow „Fliege" und Jürgen Fliege selbst immer wieder Anfragen, wie man den Gästen, die in der Sendung waren und dort ein manchmal ergreifendes Schicksal geschildert haben, helfen könne. Als Antwort auf diese spontane Hilfsbereitschaft hat TeleTime jetzt eine Stiftung gegründet, die „Stiftung Fliege". Diese Stiftung hat sich zum Ziel gesetzt, Menschen in Not mit Sachmitteln und/oder Geld zu helfen.

Die Kontonummer der Stiftung „Fliege" lautet:
88 77 000 bei der Bank für Sozialwirtschaft (BLZ 700 20 500).
Es werden Spendenquittungen ausgestellt.

Wer gerne einmal live bei einer „Fliege"-Talkshow als Zuschauer dabei sein möchte, erhält Informationen und kann Karten bestellen unter folgender Telefonnummer: 089/6499-2304.